봄빛 나래

봄빛 나래

초판 1쇄 _ 2023년 3월 25일
초판 발행 _ 2023년 3월 30일

지은이 _ 이홍규
펴낸이 _ 김진중
편집디자인 _ 신승희
펴낸곳 _ 도서출판 천하애사랑(天河愛舍廊)
주　　소 _ 우)03029 서울특별시 종로구 통일로12길 16-16. B101.
전　　화 _ 010-6863-4114
이메일 _ jjkpoet@daum.net

ISBN 979-11-980460-3-1
값 12,000원

파손 및 잘못된 책은 교환해 드립니다.
저자와의 협의에 의해서 인지를 생략합니다.

봄빛 나래

이홍규 첫시집

圖書出版 天河慶舍廊

시인의 말

칠순의 첫시집

　　마흔다섯해 전 내 고향 경남 고성에서 상경한 후 억척스럽게 살다보니 칠순에 첫시집을 내게 되었습니다. 내 삶이 힘들고 고단했어도 아이들 기르고 가르치는 재미로 어려운 역경을 헤쳐 나갔지만 결혼 후 1남 3녀를 모두 대학을 졸업시켰으며 이제는 모두 출가하여 손자까지 보게 되니 조금은 마음의 여유가 생겨 나를 뒤돌아보며 지난날 써 두었던 글들을 하나하나 정리해서 첫시집을 엮게 되었습니다.

　　문림에 등림하여 시의 기틀을 다시 배우고 익히다 보니 그동안 힘들었던 수고로움이 사라지고 마음이 넉넉한 부자가 된 기분입니다.

　　지나간 시절 동안 서울에 살면서 양재천 둘래길을 걷고 건강을 위해 구룡산, 매봉산, 관악산 등 주변산을 오르내리면서, 이름모를 식물들과 무언의 대화를 나누고 꽃과 풀에서 풍겨 나오는 향기로 무한한 위로를 받으면서 풀잎 하나하나 나목 하나하나와 사랑에 빠져 들었습니다.

　　그 자연과의 소통이 제 시를 쓰는 원천이 되었습니다.

어릴적 고향에서 윤덕명 목사님과의 만남은 내가 사회생활을 해 나감에 있어 참고 이겨 나가는 것과 적은 것 하나라도 귀하게 여길 줄 아는 마음을 배울 수 있었고, 문림에서 서병진, 심의표 회장님과 김혜진 시인님을 만나게 되었음을 늘 감사드립니다.

  앞으로 더 폭넓은 시야를 갖고 세상을 향해 좋은 글을 남기도록 노력해 나가겠습니다. 축사와 서평을 써 주신 조응태, 윤덕명 전 교수님과 격려사를 써 주신 이길연 박사님께도 심심한 감사를 드립니다.
  아울러 이 시집 발간을 위해 애써주신 도서출판 천하애사랑 김진중 대표님에게도 고마움을 전합니다.

계묘년 춘분절에
이 홍 규 삼가

축 사

믿음과 참사랑으로 내뿜는
맑고 밝은 시어들

조 응 태
선문대 명예교수

"나이가 들수록 세월이 그만큼 빨리 지나간다!"는 격언이 있다. 세월이 휙휙 지나가는 것을 몸으로 느끼는 칠순을 바라보는 인생의 언덕에서 의연(毅然)한 자세로 시집을 출간하는 것은 마치 마라톤대회에서 승리자가 월계관을 머리에 쓰는 것과 같이 숭고한 자기 승리이며, 화관(華冠)을 만들어 대내외에 자랑하는 멋을 풍기는 것이다. 그리고 삶의 희열(喜悅)을 공유하면서 한바탕 껄껄껄 웃는 것이다.

시를 쓴다는 것은 자기 정화(淨化)를 통한 결어(結語)를 모으는 것이며, 이웃에게 깔끔하고 감미롭고 향기가 나는 인생감향차(人生甘香茶)를 제공하는 것이며, 언약(言藥)으로써 아픔을 가진 자에게 치유의 은혜를 베푸는 것이며, 무거운 삶의 짐을 지고 휘청거리는 사람들에게 산삼(山蔘)과 같은 힘을 주며, 두루두루 저마다 아픈 사연을 갖고 사는 독자들에게 무지개 같은 소망을 주는 거룩한 일이다. 사람은 도움을 주고받으면서 사랑의 사람으로서 성숙해 간다. 시는 간단하고 간결하지만 훈훈한 여운은 오래간다. 시어(詩語)는 읽는 이의 마음에 감동의 메아리를 남기며 정신적 영적 힘이 되어준다. 그래서 시는 무형의 종합 환희예술이다.

시를 쓰려면 몇 가지 요구되는 것이 있다. 아침이슬과 같은 순수함, 봄이 되어 차가운 계곡 얼음장 밑을 흐르는 정화수(井華水)와 같은 정의로움, 바쁜 일상에서도 자투리 시간에 삶의 의미를 메모하는 자세, 자연이 주는 신비와 천비의 황홀에 젖는 여유와 자족(自足), 신인일체의 삶에서 오롯이 솟아나는 목련꽃 같은 아름다움, 애천애인애국의 자세이다.
　이홍규 시인은 이런 요소들을 두루 갖추고 있다. 고통, 고난, 애환, 슬픔을 믿음과 참사랑으로 승화(昇化)시키면서 맑고 밝은 시어들을 누에고치가 명주실을 내뿜듯이 토했다. 잠시의 시간도 허투루 보내지 않고 삶의 멋과 맛을 음미했다. 지나가다가 아무런 연고(緣故)도 없는 이들이 곤경에 처하면 혼신을 다하여 도와주었다. 모든 사람들이 형제자매요 한가족이라는 진리를 실천했다.
　특히 코로나19로 인한 고통의 굴레에 신음하는 이들이 그 멍에를 후들짝 벗어던지게 하는 용기를 제공했고, 불의가 득세하는 시국에 일침(一針)을 가하며, 국가를 위해 순직한 애국용사들에 대한 감사의 충정(忠情)을 발휘했다. 시인의 가슴에는 충일(充溢)한 삶의 열정이 용광로의 불길처럼 타오르며 수시로 발산되었고, 지금도 그러하다. 육신의 나이는 꽤 지나갔으나 열정의 나이는 여전히 청춘이다.
　시집은 6부로 편집되어 있다. 앞으로 제7부를 메꾸기 위해 건강한 모습으로 또 다른 영성(靈性) 함양과 천지인 삼재(三才)와 혼연일체(渾然一體)의 경지를 실천하고 시로써 표현하기를 바란다. 더 성숙해지고 신선해질 다음의 시집 출간을 기대한다. 인복(人福)과 천복(天福)과 지복(地福)을 많이 누리기를 염원한다.

- 신(神)세계6000가정회장

격려사

의사(義士)의 길,
창작으로의 프리이즘

이 길 연
문학평론가, 고려대 외래교수

　우리는 일본에서 산화한 이수현을 기억한다. 2001년 1월 26일, 신오쿠보역에서, 추락한 승객을 구하려다 아쉽게도 자신의 목숨을 초개와 같이 희생한 한국인 청년이다. 선로로 떨어진 일본인을 구하기 위해 달리는 지하철로 뛰어든 것이다. 이를 모티브로 제작한 영화 〈너를 잊지 않을 거야〉 역시 일본 열도를 감동의 도가니로 몰아넣었던 감동 실화다.
　어디 의인이 이수현 뿐이랴. 이홍규 시인은 의인이다. 그는 행동하는 의인이다. 그는 일상 가운데 다른 사람의 불행을 보고는 결코 그냥 지나치지 못한다. 대로변에서 교통사고를 당해 안에 갇혀 출혈이 심한 사고자를 구출해 응급실로 달려가 가까스로 목숨을 건지게 했다. 겨울철 낙상하여 위태로운 할머니를 들쳐 업고 역시 병원으로 달려가 위기를 모면했다.
　그런가 하면 그가 청파동에서 근무할 때 인근에서 "도둑이야!"라고 외치는 소리를 듣고 민가에 뛰어 들어가 도둑을 붙잡아 파출소로 넘긴 사실도 있다. 거리에서 술에 취해 인사불성이 된 행객을 보살펴 무사히 귀가하게 했다.
　사람은 누구나 불행한 사태를 목도했을 때 무엇보다 자신의 안위를 먼저 생각한다. 머리로 인식한 의협심과 사지백체를 통한 행동과는 거리가 있기 마련이다. 순간적인 판단 하에 가슴으로 결정하지 않고는 위험이 도사린 현장에 선뜻 뛰어들지 못한다. 오히려 그 상황을 피해 종종걸음으로 현장을 벗어나기 일쑤다. 속된 표현으로 도둑이 들었을 때 "불이야!"라고 외쳤을 때는 주위 사람이 뛰어나오지만, 있는 사실 그대로 '도둑'을 외치면 결코 도움을 받지 못한다고 한다.

불행의 현장에서 비록 사고를 당하지 않았다 해도 의로운 사람은 너무나 많다. 아니 오히려 현장에서 순직하지 않은 사람이 더 많은 의로움을 목도하게 된다. 그런 점에서 이홍규 시인은 살아있는 의인이요 행동하는 의인이라 칭하기에 부족함이 없다.

민족시인 윤동주의 "죽는 날까지 하늘을 우러러/한 점 부끄럼이 없기를/잎새에 이는 바람에도/나는 괴로워했다."〈서시〉의 이 한 구절은 우리의 시문학사에 잊을 수 없는 불멸의 내용이다. 시인은 부끄럽지 않고는 시인이 될 수 없다. 더욱이 '하늘을 우러러' 누구인들 부끄럽지 않겠는가. 그렇다고 모든 사람이 다 시인이 되는 것은 아니다. 그러나 시인은 부끄러움이 무엇인지를 안다. 지나고 나면 자신을 스쳐간 모든 것이 부끄러울 수밖에 없다. 심지어 윤동주는 바람에 흔들리는 잎새를 바라보며 자신의 책임을 통감하며 괴로워했던 것이다.

이홍규 시인은 다르다. 그가 죄책임이 없어서가 아니다. 부끄러움이 없는 인면수심을 지녀서도 더욱 아니다. 그는 돌이켜 부끄럽지 않은 행동을 앞세워 실행하기 때문이다.

그런 그가 시를 쓴다. 2018년도 『창작문학』 신인상으로 등단한 후, 꾸준히 작품활동을 해왔다. 오히려 철저히 실행해 한순간도 게을리 하지 않았다. 시는 결코 진실과 진정을 담보로 하지 않으면 한 줄도 쓸 수 없는 장르다. 시는 마음의 거울이기 때문이다. 마음의 거울을 닦지 않고 생산한 시는 독자들의 심판에 앞서 이는 구겨지거나 쓰레기통에 처박힌다. 그가 이번에 드디어 처녀시집을 간행하는 것은 그의 일상생활을 의롭게 생활했다는 반증이기도 하다.

이홍규 시인은 이것저것 안 해 본 일이 없을 정도로 주어진 일에 최선을 다 했다. 마치 숙명적으로 주어진 삶을 되돌아보지 않았다. 삶의 쟁기를 잡고 오로지 뚫어져라 앞만 직시했다. 그런 연고로 자녀를 모두 대학 공부를 마치고 이미 출가시켰다. 그는 그와 같은 인생 역경을 작품으로 빚어내고 있다. 그렇게 달려온 세월의 흔적을 이번에 첫 시집에 담아내고 있는 것이다.

특히, 40여 년의 서울 생활은 그리움의 근원지 고향을 오롯이 묘사하고 있다. 양재천이나 매봉산 둘레길을 걸으며, 이름 모를 들풀이나 널려있는 돌조각과 나눈 무언의 대화를 이미지로 그려내고 있다.

비록 몸은 객지에 나와 있으면서도 마음은 꿈에도 잊지 못할 고향을 한시도 떠나지 않고 있다. 공룡의 발자국이 찍혀있는 고향의 바닷가에 귀를 기울이며 그 옛날 쥐라기시대의 아기 공룡을 찾기에 여념이 없다. 적장을 품에 안고 남강(南江)에 투신한 의기 논개에 못지않은 기녀 월이의 충정을 위해 그는 오늘도 발걸음을 재촉하고 있다.

무엇보다 이홍규 시인이 부여잡고 씨름하고 있는 것은 봄의 이미지다. 봄은 희망의 상징이다. 그의 문학세계를 관통하는 상징체계로써의 봄은 첫 시집의 주제를 관통하는 이미지이기도 하다. 이의 확장으로 시집의 제목 역시 『봄빛 나래』이다.

이는 단지 계절적인 개념만을 의미하지는 않는다. 봄은 새로운 생명을 잉태할 뿐만 아니라 겨울을 극복하여 새 세상을 도래케 하는 원천이다. '봄'이란 시어는 사물에 있어 생명력을 부여하는가 하면, 시적화자에게는 희망과 일맥상통하는 또 다른 부활의 이미지이다. 봄을 통해 "메말랐던 가슴에도 새순이 돋"게 만든다는 표현처럼, 이는 자연의 대지일 뿐만 아니라 우리의 인생사와도 연관된다.

또한 봄을 맞게 되면 '몽환(夢幻)의 나래'를 펼치게 된다고 노래한다. 우리는 '몽환'이란 개념을 '꿈과 환상'으로 '허황된 생각'이란 부정적인 개념을 앞세운다. 그러나 시인은 이를 능가하여 새로운 경지로 도약한다. 즉, 이 세상 사물의 덧없음을 비유적으로 일컫는다. 우리가 시를 쓴다는 것은 결국 현실을 벗어난 작업이다. 시인의 정서는 기본적으로 삶의 덧없음을 깨닫는데서부터 시작된다. 희망을 노래한다 해도 본질적인 정서는 덧없음이다.

이홍규 시인이 이를 문학적 정서로 승화시키는 것은 '나래'이다. 현실을 초월하는 것은 창공을 향한 또 다른 노래이다. 현실상황의 한계에 속박되어 있는 시인에게 구원은 한 마리의 새가 되는 것이다. 이를 위해 필수불가결한 수단은 나래이다. 몽환의 나래는 결국 현실세계를 문학적 세계로 도약하는 최후의 수단으로 차용되고 있다.

이홍규 시인의 문학세계를 찾아가는 길은 보다 다채로운 프리즘이 필요하다. 그러나 본고의 격려사라는 제한된 지면으로는 이를 만족시키기에 충분하지 않다. 문학의 준령에서 부디 지치지 말고 소망하는 세계를 펼치기를 다시 한 번 당부한다. 오늘 하루의 해는 아직도 많이 남아 있다. 부디 새로운 꿈을 향해 도약하기를 바라마지 않는다.

차 례

시인의 말　칠순의 첫시집 / 이홍규 _ 4
축　　사　믿음과 참사랑으로 내뿜는
　　　　　맑고 밝은 시어들 / 조응태 _ 6
격 려 사　의사(義士)의 길,
　　　　　창작으로의 프리이즘 / 이길연 _ 8

제1부 ❀ 봄의 향연

봄빛 나래 _ 18
새싹태동 _ 19
봄이 오는 소리 _ 20
봄은 도둑처럼 온다 _ 21
그리움 _ 22
봄의 향기 _ 23
한결같은 그대 _ 24
님과 함께라면 _ 25
봄 비 _ 26
봄웃음 _ 27
웃음꽃 세상 _ 28
연 꽃 _ 29
꽃 향 _ 30
벗 꽃 _ 31

이 홍 규 첫시집
『봄빛 나래』

제2부 ◦ 사 랑(추 억)

어버이 은혜 _ 34
계룡산 갑사·1 _ 35
계룡산 갑사·2 _ 36
동백꽃 _ 37
5월의 선물 _ 38
고향 생각 _ 39
향 수 _ 41
한이 되어 _ 42
감자 한 바구니 _ 43
산을 오르며 _ 44
수 확 _ 45

제3부 ◦ 내 마음의 창

푸른 세상 _ 48
저녁 산길 _ 49
청산 가는 길 _ 50
길 잃은 사슴 _ 51
자화상 _ 52
뜨는 태양 _ 53

차 례

6월의 아침 _ 54
소박한 꿈 _ 55
가을 하늘 _ 56
산을 오르며 _ 57
수목원 _ 58
가을은 깊어만 가는데 _ 59
설 화 _ 60

제4부 🌸 사랑은

아 대한민국 _ 62
나의 각오 _ 63
밤하늘 별이 되어 _ 64
속시개의 별 _ 65
메시아 _ 66
비가 그치면 _ 67
소낙비 _ 68
꽃과 바람 _ 69
상족암·1 _ 70
상족암·2 _ 72
채석강 노을 _ 73
기생 월이 _ 74

이 홍 규 첫시집
『봄빛 나래』

제5부 ❁ 자연 사랑

사과꽃 _ 76
가을에는 _ 77
바람개비 _ 78
가을에 만나요 _ 79
가을이 왔나 봐요 _ 80
첫 눈 _ 81
눈 꽃 _ 82
겨울 구룡산 _ 83
겨울 발왕산 _ 84
맑은 세상 _ 85

제6부 ❁ 바 램

기 도 _ 88
성지순례길 _ 89
주님의 사랑 _ 90
삶의 흔적에서 _ 92
변화된 나 _ 94
새벽 기도 _ 96
나의 성찰 _ 97

차 례 ─────────────── 이 홍 규 첫시집
『봄빛 나래』

새해 꿈 _ 98
손자 100일을 축하하며 _ 99
하임이 첫돌에 _ 100
하얀 천국 _ 101
민심천심 _ 102
새해에는 _ 103
새해바램 _ 104
뜨거운 태양 _ 105
구름이란 _ 106
동전 하나 _ 107

서 평   이홍규 첫시집
『봄빛 나래』를 중심으로 / 윤덕명 _ 109

제 1 부
봄의 향연

봄빛 나래
새싹태동
봄이 오는 소리
봄은 도둑처럼 온다
그리움
봄의 향기
한결같은 그대
님과 함께라면
봄 비
봄웃음
웃음꽃 세상
연 꽃
꽃 향
벚 꽃

봄빛 나래

바람이 볼을 간지럽게 한다.
하늘만 보아도 웃음 번지고
햇살이 고양이 등에 봄을 업었다.

곁에 누가 있어도 없어도
따스함이 어깨를 감싸 안았다
눈이 부신 아름다움이
저만치서 손짓한다.

세상사 돌고 도는 어지러운 때
봄빛이 가만히 내손을 잡아준다.
힘내세요. 힘내세요. 봄이에요.

숨소리마저 멎은 밤 가만가만
속삭이는 봄의 소리 그 소리들
들릴 듯 말 듯 귓가에 맴도네.

새싹태동

삼월의 따스한 봄볕
가슴에 스며들어
생명의 태동 무르익어가는 때

씨 뿌리는 열정으로
열매맺을 가을 회상해보며
앞지르는 봄을 쫓아

흙내음에
기지개를 켜며
일어서는 새 생명

만물의 젖줄기
갈증을 날려주네

희망 나래 가득안고
저멀리 다가오는 소리
가슴에 한아름 적시고
싶어라.

봄이 오는 소리

겨울 무덤 서서히 파헤치고
별빛담은 봄은 살며시 내곁에

메말랐던 가슴에도 새순이 돋아
축처진 두 어깨에도 힘이 솟는다

저멀리 달려오는 봄바람에
희망도 가득 실어오는가

스멀스멀 피어오르는 아지랑이
달콤한 몽환의 나래를 펼친다

한줄기 빗방울은 어머니의 젖줄
메마른 들판을 깨우며 소식 전하고

꽃들은 기다렸다는 듯이
그들만의 춤사위를 펼친다.

봄은 도둑처럼 온다

시간이 지나면
봄은 도둑처럼 온다
누가 만들어 주지 않아도
몰래몰래 슬그머니 온다

하얀 눈이 체중을 실어도
눈속에서도 꽃이 피고
파란 새싹이 솟아오른다

천리 이치가 그러 하듯
아무리 꽁꽁 얼어 붙어
얼음덩이로 변한다 할지라도

봄이 도둑처럼 오면
얼음 뚫고 흐르는 시냇물
우리의 소원도 봄처럼
살짜기 소리없이 이뤄졌으면.

그리움

바람타고 들려오는
그리운 고향소식

마음은 흐르는 물줄기처럼
산수와 같이 고요히 흐르고

겨울은 멀리멀리 보내고
초록의 따스함만 스며드는구나

아낙네는 나물 뜯으러 나서고
개구쟁이 아이는 새끼염소몰고
새싹 찾아 들판을 누비네

시간이 가면 세월도 흐르네
아쉬움은 남아도
희망은 새싹처럼 솟아나네

고향의 봄은 늘 내마음을
따스하게 데워주는구나.

봄의 향기

꿈에서 두손 마주잡고
함께 지나던 푸른 언덕

달려가면 다가오던 싱그런 내음
꽁꽁 얼었던 가슴 풀어내어
내 마음 사로잡는구나

나부끼는 바람에
솔솔 뿌려지는
그대의 달콤한 향 쫓아

한없이 달려 지평선 넘어
하늘 끝까지 함께 닿고 싶어라.

한결같은 그대

한 해를 여는 봄의 길목
그대를 불러봅니다

계절은 바뀌어도 변함이 없는 그대
한결같은 참사랑의 마음에
세월을 태워봅니다

숨가쁘게 달려온 세월
한잎 두잎 모아진 사랑으로
일상을 느끼며 살아 왔습니다

그대의 뜨거운 사랑
언제나 식을 줄 모르며
오늘도 한 톨 깨물어 보며
하루를 즐겁게 살아냅니다.

님과 함께라면

즐거움도 슬픔도 님과 함께라면
정을 나누며 내일을 꿈꾸고
이상을 그리며 지금까지 살아왔네

좋은 일보다 힘든 일 많았지만
함께 해온 길 감사하오

아니 저 세상이라 할지라도
영원히 함께 나아갈 길이라면
무엇인들 못하리오

등 기대고 하나 둘 채워가는 길
꿈이 이루어지는 그날까지

정답게 살아갈 생각만으로
세상이 아름답게 펼쳐져 보이네.

봄 비

밤새 비가 쪼록쪼록
쭈루룩 쭈루룩
내리는 비에 눈을 떠본다

말끔히 씻어 버린
주변 도로
이 비에 모든 것 씻어 보내고 싶다

옆집 울타리는 새순이
물방울 머금고 빙그레
웃어주는데

온 천지의 조화로 자연은
이미 봄을 맞았는데

우리의 마음은 언제 평온을
되찾을까 싶어지네.

봄웃음

찬란히 쏟아지는 하늘빛
봄바람 타고 두 볼을 간지럽힌다

살랑살랑 봄처녀 치맛자락에
스물스물 피어나는 봄 내음
아롱아롱 꿈길인양 하여라

이름없는 한송이 들꽃도
환한 미소로 눈인사를 건넨다

겨우내 헐벗은 버들아씨
초록으로 치장하고 한들한들
춤추며 미소로 봄을 연다.

웃음꽃 세상

아침 햇님 맞아 얼굴펴니
온 세상이 푸르르 눈부신다

누가 손 하나 대지 않아도
피어나는 나뭇가지에
희망이 주렁주렁 열렸네

오직 순수한 몸단장에
웃는 모습으로 피어나는
생명 그 생명들

티없이 주고 받는 언어들
모두가 이렇게 순수로
옷을 갈아 입는다면

환희의 웃음 꽃
영원히 피우리.

연 꽃

진흙을 어머니로
아름답게 솟아올라
한줄기 빛으로 은은하게
속살 드러내며 향기롭네

벌 나비 날아들어
짝을 짓고
봉긋이 솟은 가슴은
진흙탕도 녹여내고

시궁창물 걸러내어
희망을 품은 꽃이 되어
맑은 세상
아름다운 세상
곳곳마다 향기로 덮으리라.

꽃 향

품어내는 향기 날려보내고
스며드는 향 받아들이니

세상이 향으로 넘치는구나
빨갛고 노랗고 아랑곳없다

그 향기 내 몸속 깊이 스며드니
이집 저집 모두에게 전하고 싶어라

향에 젖어든 내 가슴은
누굴 만나도 향기를 뿜는다

마음의 향기로 세상을
아름답게 물들이고 싶어라.

벚꽃

봄바람에 눈을 뜬 벚꽃
활짝 피어나 소곤소곤
정답게 손짓하건만

불청객 코로나19가
달려들까봐
모두들 숨죽이고
눈치만 남았다오

활짝 피어나 어깨 내밀고
이리 놀러오세요 아우성이지만

수많은 여행자들과
이야기하고 싶지만
모두가 모른 척 외면해 버린다

자기네들 지닌 코로나19
핑계삼아 도망쳐 버렸네

꽃은 꽃대로 슬퍼 울고
소름돋은 바다는

몸부림치며 울고 또 운다

우뚝 솟은 빌딩 숲에서도
혹시나 하는 코로나 탓으로
숨어서 막 도망가는 신세가 되었네

양재천 둑길에 핀 벚꽃
소곤거리며 나에게
귓속말로 달래주는구나.

<창작문학 2021년 여름호>

제 2 부
사 랑(추 억)

어버이 은혜
계룡산 갑사·1
계룡산 갑사·2
동백꽃
5월의 선물
고향 생각
향 수
한이 되어
감자 한 바구니
산을 오르며
수 확

어버이 은혜

꽁꽁얼어 붙은 얼음 깨고
냇가에 앉아 맨손으로
언 손 호호 불어가며
때묻은 옷 빨아 널어두고

숯불 가득 담은 다리미로
정성 다해 교복 주름
잡아 주시던 어머님

이른 새벽 아궁이에
불 가득 지피시고
더운물 데워 자식들 쓰라고
아침저녁 정성 가득한 아버님

이젠 이곳에 안 계시지만
그 정성 반만이라도
돌려드리고 싶어라

오월은 유독
부모님의 사랑이 그리웁구나.

계룡산 갑사·1

추갑사로 전해오던 갑사는
새하얀 눈에 뒤덮여
하얗다 못해 장엄하고 숭고하다

봄 여름 가을 겨울
새로운 모습을 보여주는 갑사
일주문부터 불자들을 사로잡는다

사천왕이 지키는 일주문을 들어서면
서산대사 사명대사 영규대사의
절에 지키는 혼이 빛나고 있다

큰 갑사 대웅전은
편백나무가 지켜서서
백성들을 맞아 때 절은 마음 녹여 낸다

폭풍의 명월담은
속인들의 삿된 마음 씻어내리듯
쉬지 않고 힘차게 흐른다.

계룡산 갑사·2

오색 단풍 즐비하게
늘어선 계룡산 갑사

40일 특별 정성으로
하늘의 도를 세우사
일본 파송자를 선택했던 곳

앞산이나 뒷산이나
사리의 맥이 흐르고
정성의 도 움켜쥐니
세계를 향해 나아갈
힘을 길렀더라

오묘한 산의 정기는
신성한 기운 되어
인간의 맥으로 이어지니
세계로 뻗어 가는 뜻을
고스란히 빚어내었도다.

동백꽃

칼바람 찬서리 받아내고
살며시 내민 붉은 꽃잎

얼음 위에 솟아오른 붉은 영혼
세상 밖으로 홀로 나와

찬바람 거센 파도 잠재워
피어나는 그 이름 동백꽃

아내의 붉은 순정인양
가는 발걸음을 멈추고
살며시 입을 맞춘다

태양을 품은 그대여
당신을 영원히 사랑합니다.

5월의 선물

코로나 난리로
세계인은 숨바꼭질 하고

버스나 택시나 지하철이나
하아얀 마스크로 코입을 가린 채
묵언 수행하는 행렬

들녘은 초록으로 변해가고
산골짜기마다 가슴 열고
불쑥 돋아나는 소식

태동을 시작한 대자연
자신의 가치를 한껏 뽐낸다

언덕 너머 슬며시 날아온
아카시아 향기는
내 가슴에 숨겨둔 추억을
잔뜩 불러내고는 길을 떠난다.

고향 생각

안개낀 들녁지나
벽방산에 올라보니
고향은 옛 모습 그대로인데

누렁황소 산위로 몰아 놓고
함께 뛰놀던 벗들은
어드매에 둥지를 틀었나

새하얀 별꽃 뿌리 깨어
산이 떠나가라 소리치던 시절

"심봤다! 심봤다!"

아련한 꿈속에 뛰노는 친구들
가슴이 먼저 알아보는구나

코끝을 간지럼 태우던 매향
할아버지 수염 달고
흔들며 반기던 옥수수

봄나물 뜯는 아낙네들

몸뻬바지 패션 쓰윽 걷어
밭이랑에 엎드려 엉금엉금
달래 냉이 씀바귀 바구니 가득

봄바람에 묻어온 고향 소식
천리타향에 스며든 고향 내음
내 가슴이 먼저 아는구나

들녘을 마주보며 선
벽방산 거류산 인자한 얼굴로
반겨주는 내고향 수호신

오늘도 언제나처럼
무지개 꽃피우며
나를 잊지 않았구나.

향 수

나의 고향 남쪽 바다
저 산 넘어 고성에는
월이 발자국 남아있다네

나라 지키는 마음 무얼 못할소냐
몸은 바쳐도 복수의 심장은
뜨겁게 끓어 올라 왜놈 허를 찔렀으니

대대손손 빛날 보배로다
의기의 충절 내음이 있는 곳
남쪽 바다 고성항에서

월이는 눈 부릅뜨고
오늘도 지켜보고 있나니.

한이 되어

봄의 길목에 눈이 내리네
얼룩진 국민의맘 씻어 주려나
새 희망을 예고라도 하는걸까

어쩌면 하늘도 우는걸까
눈물같은 꽃이 한없이
송이송이 피어오르는구나

눈아 눈아 쏟아져라
말끔히 덮어버려라
때묻은 세상 확 쓸어버리고

설중매처럼 향기를 팔지 않고
국민의 마음을 달래어가며
내 조국이 다시 일어설 수 있게.

〈창작문학 2021년 봄호〉

감자 한 바구니

쪼글쪼글해진 껍데기는
우리 엄니 손등처럼 골이패이고

봄이 되자 몇 조각으로 잘라져
밭에 나가 흙을 덮고 드러누웠다

몇 번의 해와 달이 바뀌고
천둥번개가 요란을 떨고 지나갔다

어느 햇볕 좋은날
허연 속살을 드러냈다

한솥 삶아 한입 베어무니
갑자기 눈시울이 붉어져 온다

어머니 사랑 닮은 감자 한 알에
배고팠던 옛 시절이 되살아나
눈앞을 한 차례 스치고 지나간다.

산을 오르며

무거운 삶의 무게
잠시 내려놓고 산으로 간다

터벅터벅 비탈길을
곡예를 하듯 지나고 보니
커다란 바위가 가로 막아서네

한 고개 넘을 때마다
스쳐가는 지난 세월 뒤로하고

잠시 그늘에 앉아
들꽃들과 눈인사를 건낸다

멀리도 가까이도
들리는 산새소리
지친 심신 위로하네

가파른 고갯길 올라서면
행복이 기다리고 있을라나

환하게 웃으면서 반기는
아내의 얼굴이 사알짝 보이네.

수 확

뜨거운 태양 만들어낸 알곡
피와 땀으로 일구워낸 결실

들녘 알곡 황금빛으로 물들이고
수화채처럼 달구워지는 불빛

반짝이는 알곡 사잇길
오는 새 가는 새 찾아들고

봉우리 흥겨운 소리
가슴으로 적시네.

제 3 부
내 마음의 창

푸른 세상
저녁 산길
청산 가는 길
길 잃은 사슴
자화상
뜨는 태양
6월의 아침
소박한 꿈
가을 하늘
산을 오르며
수목원
가을은 깊어만 가는데
설 화

푸른 세상

엄동설한 칼바람에 맞서
숨죽인 수많은 시간들

조마조마한 순간순간에도
희망의 끈을 부여잡고

살얼음판을 밟은 긴장 속에
기다리고 또 기다립니다

계절이 오고가듯이
이 또한 지나가리라
내일은 오겠지

푸른 잎새 빛나는 세상
잡힐듯이 잡히지 않네
다가올 푸른 세상이.

저녁 산길

저무는 하산길 벌써 노을이 지네
푸른 시절 하늘이 그립다
싱그러운 풀냄새는
청춘의 향기로구나

굽이굽이 돌아간 외진 산길은
겹겹이 둘려친 산길이라네

반겨주는 이 하나 없어도
꽃은 제 스스로 피고지고
계곡물 제 스스로 굽이쳐 노래하네

지저귀던 산새소리도
모두가 돌아들 갔네.

청산 가는 길

청산 가다
산 등어리에서 꽃을 만났다
달려가니 활짝 웃고 있다

한잎 두잎 따서
한아름 안고 돌아오는데

꽃은 숨이차서 고개 떨군다
아무리 깨워도 대답이 없다

시들기전 물도 주고
노래소리 들려주면
지금도 싱싱하게 살아 있을
것만 같은데.

길 잃은 사슴

어미를 잃었나 사슴 한 마리
어디론가 마구 뛰어간다

한참 가더니 되돌아온다
어미를 찾지 못하였나

누구나 정해진 길을 잘못 들면
여간해서 돌아오기 어렵다

참인지 거짓인지 분간조차 힘들지만
서둘지 말고 처음부터 다시 가보라.

자화상

동백꽃 향기보다
오랫동안 간직한 꿈
일어설 수 있는 힘

지독한 아름다움은
한이 쌓이고 쌓여도
이슬되어 씻어낸다

비바람 세차게
뺨을 후벼파도
꿋꿋하게 이겨내는
너였으니.

뜨는 태양

환하게 수줍은 얼굴 내밀며
붉게 떠오르는 태양

밤의 검은 장막들
모두 녹아 내리게 만든다

저높은 하늘에 떠있는 태양
악의 그림자 죄의 그림자
모두 태워 버려라 붉은 태양아

어둠의 골짜기에 숨어
꼬리를 감춘 자들아

태양 앞에 벌거숭이로 서라
한 점 후회없이 심판을 받으라.

6월의 아침

얼음으로 덮힌 세상
땅속 깊은데서부터
새싹은 돋아나는데
세상은 모두 침묵하고 있다

몸을 던져 나라를 지켜낸
용장들은 잠들어 있는데
누가 그들의 희생을
따를 수 있단 말인가

땅에는 이리떼가 우글거리고
양심의 소리조차 들을 수 없는 세상

소리없이 차분히 내리는
빗줄기 타고 나라를 지키다
산하한 용장들의 마음
알 것도 같은데 가슴이 먹먹하구나.

소박한 꿈

남북으로 갈라진 이땅
그것도 부족해 사분오열이다

오래된 나의 기다림은
언제나 좋은 소식으로 올까

뿔뿔이 흩어진 혈육들
한솥밥 먹을 날 오려나

허리를 두 동강 내버린 선 하나
마음 하나 바꾸면 만사형통 아니던가

끝없는 기다림 언제 끝이나련가
너와 내가 아닌 우리로 함께 하세

머지않아 통일의 꿈 이루어지는
소박한 꿈을 매일같이 꾸고 있다.

가을 하늘

가을 하늘은 높아만 지는데
우리들 마음은 무겁게 가라앉아

시장은 굳게 문을 닫아 걸고
가장은 밥벌이마저 잃었다

가진 자는 타국에 눈을 맞추는데
이나라 주인은 갈팡질팡 혼돈시대

벼슬아치는 자기 배 채우느라
늑대의 탈을 쓰고 불법 천지다

청명한 가을하늘 구름따라
세월따라가는 우리의 마음

가을 하늘에 떠 있는
한 조각 구름 같구나.

산을 오르며

무거운 삶의 무게
잠시 내려놓고 산으로 간다

터벅터벅 비탈길을
곡예를 하듯 지나고 보니
커다란 바위가 가로 막아서네

한 고개 넘을 때마다
스쳐가는 지난 세월 뒤로하고

잠시 그늘에 앉아
들꽃들과 눈인사를 나눈다

멀리도 가까이도
들리는 산새소리
지친 심신 위로하네

가파른 고갯길 올라서면
행복이 기다리고 있을라나

환하게 웃으면서 반기는
아내의 얼굴이 사알짝 보이네.

수목원

수풀 우거진 수목원
형형색색의 꽃들에게
반가운 눈인사를 받는다

반가워요
그동안 수고하셨어요
활짝 웃으며 나를 맞는다

가다 서고 가다 서고
마음을 꽃밭에 묶어두고
가던 길 마저 가야지

해는 서산에 걸리고
발걸음 붙잡은 꽃들은
잔뜩 게으름을 피운다

인생도 붉은 노을에
물들어 저물어 가는가
화려한 꽃들에게 묻는다.

가을은 깊어만 가는데

가을 햇살 살며시 비껴서서
두팔 벌려 어루만지면

농부의 땀과 어우러져
결실로 더욱 빛을 발하네

만물의 아름다움은 피고지고
기쁨으로 자연과 화답하네

세상은 숨 고르지 않으나
때가 되면 영그는 자연의 섭리 앞에

케케묵은 어둠 저 멀리 밀어 두고
고고한 아름다움에 취해 보고 싶구나.

설 화

구름에 가리운 구룡산
밤새 선녀가 흘린 눈물
자욱자욱마다 피어난 꽃

아침 햇살 받으니
보석이 따로 없구나

가만히 손 내밀어
한 웅큼 꺾어 보려니
어느새 사라지네
일장춘몽이구나

볼 수는 있으되
가질 수 없는 아름다운 꽃
화려하나 금새 사라지는 꽃
젊음도 한 시절이더이다.

제 4 부
사랑은

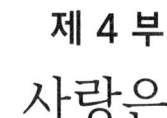

아 대한민국
나의 각오
밤하늘 별이 되어
속시개의 별
메시아
비가 그치면
소낙비
꽃과 바람
상족암·1
상족암·2
채석강 노을
기생 월이

아 대한민국

굳은 신념하나로 지켜낸
삼천리 금수강산

어린 소년병 되어 앞장서고
물불 안 가리는 청년병 되어
오랑캐 무찌르고 지켜온 이 나라

언제부터인가
무방비로 대문열어 젖히고
속의 간까지 빼주는 이 생기니

대문있어 무얼하겠나
칼 뽑더니 자신의 허리찌르고

날카롭던 독설은 외면한 채
몽땅 원수에게 다 넘기네

나의 각오

앉은뱅이 자세로
틀에 박힌 생각으로
살아온 내 자신이 아니었던가

연못에 물이 말라
거북등이 되어도
기다리면 비 내리겠지
안이한 생각으로 두손 놓은 채
넋 놓고 사는 내 자신은 아니었던가

폭풍불면 스스로 막아내고
가뭄에 단비 내리면
빗물 가두어 쓸 줄 아는
현명한 새 일꾼이 필요한 시대

내 나라 금수강산이여
더욱 굳건히 일어서자
이 혼란을 잠재울 영웅이여
한마음 한뜻으로 백성은 말한다.

혼도 빼주고 대들보도 무너지고
이젠 방구들마저 파서 옮길건가.

밤하늘 별이 되어

해마다 찾아오는 유월은
1년 내내 무심히 지내던
우리네 가슴을 뜨겁게 달군다

당신들이 흘린 뜨거운 눈물과
짙은 선지피의 붉은 열정으로
사수한 영원한 평화 자유인데
갈수록 그리워지는 조국이다

밤하늘에 무수히 많은 별들이
그대들 굽어보는 우리나라의
금수강산은 천하의 보물이다

무자비한 총칼 앞에서
과감히 남편을 군대에 보내고
어린자식 뒤돌아보며
아버지마저 가야만 하였었다

그래도 우리들은 살아남아서
그대들의 애국의 혼은 결코
잊지 않으리라 잊지 않으리라.

속시개의 별

그들의 음모
미모로 잠재우고

그들의 행보 눈치채고
붓하나로 물길 바꾸니

당항포해전에서
나라 구하였네

겨레의 위기
붓끝으로 막았구나

속시개 여린 아가씨
대한의 큰별로
길이길이 볓나리라

월이여! 월이여!

메시아

질서가 무너지고
지도자가 광고판에 매달리고
정말 끝나버린 세상인 것만 같다

진흙탕 속에서 백성을 구해 낼
메시아는 과연 누가 될 것인가

하늘에서 구름타고 오실 리 없으니
백성 가운데 홀연히 일어서서
중심 잡아 어려운 난관 이겨 낼
분이시여.

비가 그치면

비가 내리면 모든것이
씻겨갈 줄 알았어요
천둥번개가 온 세상을
자극한 줄 알았지요

비가 그치면
세상이 바뀔 줄 알았어요
말끔한 세상이 될 줄 알았지요

비가 그치면
언제나 그렇듯이
흙탕물 범벅이네요

비가 오면 그치라 하고
비가 그치면 비오라 하듯
마음이 갈팡질팡 세상도 갈팡질팡

비가 오면 비를 맞고
세상이 어지러우면 바로 세울 줄 아는
새로운 아침를 열자.

소낙비

시원한 한줄기 소낙비
내 안에 목마름을 채워주고
뜨거운 열정도 잠시 쉬라하네

너도나도 사이다 같은
소낙비에 희망을 품는다
코로나도 고민도 씻어 내렸으면

짧은 순간에
달콤하게 적시는 빗물
그것은 바로 희망의 빛이었다.

꽃과 바람

흘러가는 구름도
잠깐 스치는 세상도
잡지 못하고 무심히 가네

그대 머문자리 무얼 남기리
적은 씨앗되어 이쁜 꽃
피우고 싶구려

세상은 더러워도
꽃은 거짓이 없으매

바람 불고 비 와도
꽃은 피고 지더라

때가 되면 그대도 가고
나도 떠나 갈지니
인생 너무 탐내지 마시오

곱게 익은 만큼
아름다운 꽃은

향기를 저절로
품어내나이다.

상족암·1

바위집에 자리 잡은 수달래
상족암 둘레길 나들이에
굽어본 태초의 공룡 발자국

짐작컨대 그들은 어디로 갔나
이곳에 시원한 바람만이
나를 어루만지며 반기네

깊은 심해를 끌어안고
수장 되었나

푸른바다에 어른거리는
용의 모습이 잠시 스쳐간다

출렁이는 파도는
그들의 울부짖음인가 하노라

웅장하고 거대한 그들은
세월 속에 사라져 갔어도
상족암에 새겨진 흔적은

우리 가슴에 남아 있는
위대한 문화유산이다

시원하게 불어오는 바람이
답답한 가슴을 씻어주네.

상족암·2

깊은 수심 가르며
지나는 여객선에
밀려오는 파도는
기암괴석을 두른 절벽을
어루만지며 스쳐가는데

태곳적 공룡이 살던 곳에
켜켜이 쌓인 세월의 흔적
그들은 사라져 갔어도
발자국만 선명하게 남았구나

바위 끝 노란 민들레도
봄바람 따라 그들의 흔적에
감동하여 하늘하늘 손짓하는가?

내 마음도
출렁이는 파도처럼 들떠
용들의 발자국 되짚으며 걷는다.

채석강 노을

한 시대를 풍미한 영웅호걸 넋인가
수만 년 세월이 켜켜이 쌓이고 쌓여

채석강 아래 고스란히 녹아 흐르네

저녁 노을에 붉게 물든 그림자
이태백도 노래로 하답하니
지나가는 나그네 발길을 붙잡는다

채석강의 경이로움을
철썩이는 파도야 너는 아느냐
어찌 몇 줄의 글로 논하리오

석양을 등진 초로의 부부는
지난 세월 고비고비 살아온 날들을
채석강에 훠이훠이 흘려 보낸다.

기생 월이

불같은 분노
푸른 바다에 잠재우고

가슴에 맺힌 한
웃음으로
왜의 간자 품은 월이

붓으로 고친 거짓 뱃길
당항포의 승전으로
백척간두에서 나라를 구했으니

그녀의 애국혼
만대에 빛나리라.

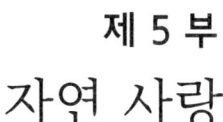

제 5 부
자연 사랑

사과꽃
가을에는
바람개비
가을에 만나요
가을이 왔나 봐요
첫 눈
눈 꽃
겨울 구룡산
겨울 발왕산
맑은 세상

사과꽃

뽀얗게 피어나는 잎새
사람들의 힘도 집념도
아닌 것들
겨우 목숨만 붙어서
헐떡거리는 어여쁜 꽃

비바람에 씻기우고
벼락과 천둥을 견디며
꿋꿋하게 피어나는 꽃

고운 몸체 만들어 내어
새들에게 몸을 던져주고
남은 몸짓
허공에 집어넣는다.

가을에는

두리 두둥실 흐르는
흰구름 바람타고
한 폭의 수채화를 그린다

목놓아 울어대던 매미
숨죽이며 사라져가고
귀뚤이 울음소리 친근하다
황금 들녘 부는 바람에
채운만큼 고개 숙인 알곡들
방긋 웃어 주는 코스모스

땀흘린 농부의 마음
싱글벙글 콧노래 소리
창고문 열어 두고
수확을 기다리네.

바람개비

바람아 불어라
세월아 멈추워라
가는 세월 멈출 수 없으니
돌지 않는 바람개비
돌게 할 수 있으려나
내 의지대로 살아간다면
못 이룰 것이 없는 세상 이치
자연은 때가 되면
새싹나서 꽃피고 열매 맺는데
사람은 자기 의지대로
살아 가지 못하고 휘둘린다
아 초목보다 못한 인간들
자연의 이치대로 살아간다면
큰 바위라도 못 옮길소냐.

가을에 만나요

가을이 저만치 달려오네
불덩이 같던 태양이 슬그머니
돌아서자
사랑 가득 싣고 살랑살랑 오네

고운 빛깔 갈아 입은 나무 사이
둘이 걸으며 사랑을 속삭이고 싶네

낙엽이 뒹구는 숲에서
우리도 뒹굴며 말하고 싶네

지나간 순간들이
눈앞에 아롱아롱거리네
자녀들 시집 장가 보내며
하나 둘 보낼 때마다
느끼는 감정도 아쉬움으로 남네

아름다운 가을이 떠나기 전에
잊지 못할 추억 만들고 싶네
사랑하는 그대 둘이서 차곡차곡.

가을이 왔나 봐요

가을이 내 곁에 왔나 봐요
투명한 하늘 바다는

금방이라도 돌고래 솟아오를 듯
눈이 시리도록 푸릅니다

가을 처녀 살랑살랑
손짓하는 길가에 서서

아버지 피와 땀이
주렁주렁 결실을 거두어가는

허허 고놈 참 탐스럽구나
미소가 절로 번지게 하는

아버지 굽은 등이 떠오르는
가을이 성큼 내 곁에 왔나 봐요.

첫 눈

저 멀리부터 잉태되어
나풀나풀 곱게 내린 눈

새하얀 솜이불처럼
포근하게 쌓여가네

천사들 목소리가
들리는 듯하여 하늘을 보았다

천지가 하나되어
리듬 맞추어
빛으로 환하게 밝혀 주네.

눈 꽃

바람에 뒹구는 낙엽
하얀 옷을 입고 꽃송이로
아름답게 다시 태어나니

눈이 시리도록 처연한 눈꽃
대자연의 아름다움은
가히 흉내마저 낼 수 없어라

하늘이 품어낸 아름다운 향수
겨울새 날아들어 노래로 화답하니
금강산 일만 이천 봉 여기에 비할소냐

뭉게뭉게 타오르는 시심을
활짝 핀 꽃으로 장식하고 싶구나.

겨울 구룡산

흰눈이 펑펑 쏟아지는 날
구룡산 허리에 몰아닥친 바람
화려한 춤사위 한바탕 쏟아 내어
영롱한 가시꽃을 활짝 피운다

생명들은 숨소리조차 멈추고
내일이면 사라져 갈 가시꽃
달빛에 서리서리 엉켜
보석보다 빛나는 멋을 부린다

약수터 입구 외로이 켜진
가르등도 가물가물 졸다
바닥까지 쓸어가는 바람에
온몸을 부르르 떨며 정신을 차린다

저멀리 산사의 목탁 소리
바람따라 은은하게 들리다 말다
나그네도 발걸음을 재촉하는데
새들도 숨죽이며 둥지를 튼다.

겨울 발왕산

흰눈이 펑펑 쏟아지는 날
발왕산 허리에 몰아닥친 바람

화려한 춤사위 한바탕 쏟아 내어
영롱한 가시꽃을 활짝 피운다

생명들은 숨소리조차 멈추고
내일이면 사라질 것만 같은 가시꽃

달빛에 서리서리 엉겨
보석보다 빛나는 멋을 부리네.

맑은 세상

어떤 거짓도 통하지 않고
투영되어 비치는 맑은 세상

어떤 결과도 당연하게
변명하지 아니하고

자신이 행한 만큼 댓가를
치루어야 공평한 세상

모든 것은 순리대로
보여지는 모습 그대로

속임수도 거짓도
있는 그대로 드러나겠지요

진실만이 통하는 세상
맑고 투명한 미래의 영혼들.

제 6 부
바 램

기 도
성지순례길
주님의 사랑
삶의 흔적에서
변화된 나
새벽 기도
나의 성찰
새해 꿈
손자 100일을 축하하며
하임이 첫돌에
하얀 천국
민심천심
새해에는
새해바램
뜨거운 태양
구름이란
동전 하나

기 도

간절함으로 빈다
하나님 심성을
조금이라도 닮겠노라고

성초에 불을 밝히고
활활 타오르는 가슴으로
간절하게 빌어본다

천지만물이 조화로움 속에
질서정연하게 사는 것처럼

만물앞에 부끄럽지 않게
살아가게 해 달라고
간절히 빌고 또 빌어본다.

성지순례길

아버님 발자취 찾아
순례길 올랐다

기도와 정성의 터
범내골 계룡산

흑석동 전본부교회

참 진리의 말씀 전하시고져
혈혈단신 쏟아부으셨던
정성의 도가니

가는 곳곳마다 흔적 찾으니
눈물이 앞을 가려 강을 이뤘네.

주님의 사랑

찬란한 불빛들은
하늘을 향해 줄달음
치고 있고

희망없는 죄의 삶은
종결을 고하고

주님의 깊은 사랑은
죄된 마음을 녹여주리라.

절망권에 존재하는
수많은 모습들도
소망을 갖게 되고

한 나라 한 주인을 섬김이요
한 주인을 모심으로
마음의 화평을
가져옴이로다.

먼바다와 푸른 초목들은
평화를 노래하며

빨갛게 물들어 가는
단풍잎도 희망을
노래하리라

깨끗하고 죄없는
푸른 초막
빨갛게 물든
낙엽 주변으로부터

주위는 어둡고
만물은 말없이
안식을 취하고

원리의 희망의 새삵은
더 꾹고 크게
태양처럼 떠오르고
있노라네.

삶의 흔적에서

오르막 내리막
삶의 언덕에서
오늘도 희망품은
꿈으로 살아간다

기댈 곳 없는 작은 몸짓으로
억척스럽게 살아온 길

그러나 후회하지 않았던
나의 길
믿음이 있었기에 가능했다

사십 년 성상을 지나
반대와 핍박 조롱 속에서도
살아남을 수 있었던 것은
주님 말씀 원리였다

철야 정성터위에
세딸 절대축복으로 이끌고
외롭고 힘들었던 순간도 있었지만
그때마다 하늘이 지켜주심에 감사하여

수년 간 파주원전 참배 중
차가 낭떠러지에 굴러 사선을 넘나들었고
하나님 보호하심 가운데
무사할 수 있었던 순간들
영원히 잊지 못할래라

진심을 담은 기도로
새벽을 열어본다.

변화된 나

나는 얼마나 변화되었나
스스로를 자문자답 해보게 된다

아버님 보고 싶습니다
그 간절했던 심정들

기도실 앞에 앉으면
눈물만 흘러내린다

아버님 영원한 이상세계에서
잘계실 줄 믿나이다.

계실 때 효자 노릇 못한 것
원망스럽기만 하나이다

기도하면서 나 자신도 천국인의
시민이 되기 위하여는 어떻게 살아야
할 것인가를 생각해보면서

마음먹은 대로 줄기차게
2027 승리를 향해

달려가야만 할 것이다

말로만 수백 번 외치는 것보다
한가지씩 실천하는 모두 모두가 된다면
하늘이 원하시는 이상세계는
우리 함께 더불어 만들어낼 것이다.

새벽 기도

어둠의 찬바람이
사나운 범처럼 엄습한다

밤을 휘젓는 검은 그림자
모나고 둥근 것들의
슬픈 잔영

기쁨의 미로 되어
마음을 유혹하는 무수한 갈등

새벽별을 보며 이겨내고자
하나둘 마음에 짐을 내려놓는다

점점 가슴은 기쁨으로 넘치고
마침내 마음에 안식이 찾아온다.

나의 성찰

나를 찾는 길은
만물을 찾는 길이요

내가 가는 길은
창조주의 길을 찾아가는 길

붓다처럼 깨달음은
심신에서 우러나와

심신이 참에서
바로 서지 못하면
모든 것이 허사로다.

새해 꿈

지난해 정리도 못한 채
어물쩡 흘러 보내고
계묘년 새해 새싹 앞에
강풍만이 몰아닥친다

마음속 깊이 초록으로
희망 칠 하고 싶었지만
병들은 낙엽되어
바람처럼 사라져 간다

춥디 추운 겨울이면
벌거벗은 나목들
마음 쉽게 놓여지지 않는다

한 떨기 난초처럼
고고하게 솟아올라
고운꽃 피우고 싶어라.

손자 100일을 축하하며

억조창세 보배 중 보배로다
금은보석보다 귀한 손자
벌써 100일을 맞게 되는구나
옥보다 아름답고
구슬보다 둥글고 빛난 얼굴로
태어난 하임이 축하하네 축하하네
장성하여 하늘 앞에 충성하고
세계 앞에 큰 일꾼 되어지길 빈다.

하임이 첫돌에

아름다운 꽃들이 피고 지고
열매를 맺어가는 5월에

첫돌 맞은 나의 첫 손자 하임
축하하고 또 축하하네

사랑스럽고 씩씩하게
탈 없이 자라주어 고맙구나
앞으로 나아가야 할 길이
거칠고 험할지라도

자신감을 갖고 쑥쑥 쑥쑥
올곧게 순탄하게 나아갈 하임아
할아버지 할머니 엄마아빠가
곁에서 울타리가 되어 주마

영원히 사랑한다 하임아.

하얀 천국

밤새 하느님 손길이
슬쩍 땅을 어루만지니
세상이 바뀌었다

때묻지 않은 순백
태초에 그랬듯이
천지 창조의 숭고함

하늘이 열리고
땅이 솟아나고
새로운 낙원을
세우고 싶어라.

민심천심

광화문촛불 잠재우고
온 국민의 하나된 마음
구름같이 뭉쳐 비라도 내려라

거짓선동 싹 쓸어내고
새로운 싹을 무수히 틔워라
애국시민의 가슴가슴은
무역센터를 메우고 있네

풍전등화라 했던가
태극기 함성은 끝이 없으니
희망의 싹이여 자라고 자라

내 조국의 미래를 빛내리라
태극기여 전세계에 알려라
대한민국호는 아직 살아 있다고

새해에는

계묘년 새해 만큼은
어둠없는 새해였으면 좋겠다

가만 있어도 기쁨 넘치고
행복 넘치는 새해였으면 좋겠다

더럽고 희망없는 잔재들은 모두 비워내고
아름다움으로 채울 수 있는
올해였으면 좋겠다

따뜻한 봄동산처럼 포근하고
만물이 겨울잠에서 깨어나듯
희망으로 채워졌으면 좋겠다

날개를 좀더 힘차게 뻗어
꿈을 그리며 달리는 한해
였으면 좋겠다

새해바램

신축년의 거친광야
황소는 뛰기 시작했다

패인이 되건 흥인이 되건
출발은 하였으니 결과는
발닿는대로 열매를 맺게
될 것이다

죽어 돌아올지
살아 승리할지
아무도 알지는 못한다

지도자 마음먹는대로
흘러가는 시절이지만
중생들이여 힘을 내자

장애물이 가로막아도
거침없이 뚫고 나아가자
우리의 내일 우리손에 달렸다.

〈창작문학 2021년 봄호〉

뜨거운 태양

예쁜 새싹 아름다운 옷 입어
날갯짓 한번 해보지도 못한 채
뜨거운 태양열에 녹아내린 삶

꿈도 소망도 모두 접은 채
앗 소리 한번 지르지 못하고
사라진 수많은 생명 그 잎새

언제나 아침 이슬 머금고
환하게 웃던 그 얼굴
어디에도 찾아볼 수 없는데

지구는 멸망의 길로 가는가
새 희망은 도래하고 있는가
붉게 달아오른 태양만 미워지네.

구름이란

어머니 생살 찢으며 태어나
온실 속에 애지중지 살다가

삶의 고비마다
기쁨과 슬픔이 뒤엉켜
생사의 기로를 오고간다

한줄기 바람에도
휘날리는 낙엽되어
거리를 떠돌다
머물자리 찾아 헤맨다

치고받고 헐뜯고 뒤돌아보니
모두가 부질없구나
정처없이 흐르는
구름같구나.

동전 하나

길가다 주운 동전 하나
아무도 못봤다
그러나 내 마음은 봤다

호주머니에 슬쩍 넣고
모른 체하고 싶지만
내 양심이 자꾸 놀린다

뭐든지 주인있는 법
아무도 보지 않았다고
욕심 부리지마라

한 되 받고 열말 보낼
커다란 구멍 생긴다

서 평(書評)

이홍규 첫시집
『봄빛 나래』를 중심으로

윤 덕 명
시인·선문대 명예교수

실낙원의 비극은 인간에게 크나큰 불행을 안겨주고 말았다. 사람이 살아야할 본연의 땅을 에덴동산이라고 한다. 타향에서 외롭게 살다가 고향으로 돌아갈 때에는 금의환향(錦衣還鄉)을 하는 것이 마땅한 것이겠지만 탕자가 되어 귀향하는 경우가 우리 주변에는 왕왕 있다. 시골이나 농촌에 사는 사람들은 자의 반 타의 반으로 삶의 기반을 찾기 위해 고향을 등지기도 한다. 『봄빛 나래』라는 첫시집을 출간하는 이홍규 시인 역시 시골인 경남 고성에서 출생을 하였다. 2018년도에 창작문학 통권 제12호 가을호에 신인문학상으로 등단을 하였는데 응모작 가운데 '기도', '가는 세월', '꽃향' 등 세 편을 신인당선작으로 선정을 받았다. 한 생명이 이 땅위에 태어나 일평생을 살아가면서 무수한 시련과 역경이란 고난의 길을 통하여 자기만의 특유한 삶의 주역으로 살아가게 마련이다. 인간은 누구나 각자 삶의 주인이다.

이홍규 시인은 그의 당선 소감에서 이렇게 말하고 있다. 부모로부터 특별히 물려받은 재산이 없지만 78년도 제대 후에 차비만 가지고 무작정 서울에 올라왔다. 그는 이것저것 안 해 본 일이 없을 정도로 온갖 일을 다 해가며 쉬지 않고 노력하여 1남 3녀 모두가 대학을 졸업시켰고 자녀들도 모두 출가 했다. 훌륭한 가장의 역할을 다한 셈이다. 이 시인은 초등학교 3학년 때부터 일기를 계속 써 오던 것이 시를 쓸 수 있게 한 동기였을 것이라고 한다. 필자가 1968년도에 이 시인의 고향에서 한 2년 동안 목회를 했던 적이 있다. 그 때 그는 중학생이었던 것으로 기억을 하고 있다. 그의 자택에도 가끔 심방(尋訪)을 하기도 했었다. 생기발랄하면서도 근면하고 성실하다는 인상을 받았었는데 어느덧 세월이 흘려서 지금은 같은 서울의 하늘 아래서 함께 살아가고 있다. 인연이란 끈을 누가 막을 수 있겠는가?

시인(詩人)이란 시를 짓고 아끼고 사랑하는 사람을 통칭한다. 문학성을 띈 문학의 장르 가운데 시(詩), 소설, 수필, 희곡, 평론 등이 있지만 이 중에 시(詩)가 가장 간단하고 쉬운 것 같지만 가장 어렵기도하다. 왜냐하면 소설은 구체성을 필요로 하고 수필은 간단명료성을 전제하지만 시라는 것은 은유성과 상징성을 요구하는 메타포이기 때문이다. 개인의 정서를 바탕으로 출발하는 시(詩)이지만 이미지를 더욱 입체성을 띤 고차원의 시어로 구사 하여 테마에 알맞은 언어의 집을 지어야한다. 일반어와 시어의 현격한 차이는 전자가 설명이라면 후자는 표현이다. 흔히 소설이 나무의 전체를 묘사하고 설명하는 것이라면 수필은 나무와 줄기 정도로 원고지 15매 내외의 간명한 문체이다. 시(詩)는 그 나무에서 피어나는 꽃이나 열매로 일컫기도 하기 때문이다. 시를 잘 짓는 이를 시성(詩聖)이라 하고 있다.

1. 메시아

질서가 무너지고
지도자가 광고판에 매달리고
정말 끝나버린 세상인 것만 같다

진흙탕 속에서 백성을 구해 낼
메시아는 과연 누가 될 것인가

하늘에서 구름타고 오실 리 없으니
백성 가운데 홀연히 일어서서
중심 잡아 어려운 난관 이겨 낼
분이시여.

　　　　　　　　　　　　　－ '메시아' 전문

비교적 짧은 시지만 방대한 양의 이미지를 담고 있다고 보겠다. 불과 3연 8행의 '메시아'라는 시이지만 본 시가 품어내는 의미는 깊고 넓고 높은 까닭은 메시아가 주는 종교적 색체가 강하기 때문이다. 최초의 에덴동산이란 한 점 부끄러움이 없어 나체로 살았었고 거짓과 허위가 존재하지 아니한 정직과 순수로 살아가는 죄악과 전혀 상관이 없는 창조본연의 세상이었을 것이기 때문이다.

'질서가 무너지고/지도자가 광고판에 매달리고/정말 끝나버린 세상인 것만 같다//' 첫 연에서 시적화자는 타락한 세상의 질서가 무너진 것에서 종말을 체감하고 그래서 정말 끝나버릴 종말이라고 체념을 하기도 한다. 상상컨대 화자가 실망하는 것은 지도자의 본질을 상실하고 상업위주의 목자들이 메시아의 사명을 망각한 처사를 힐난하고 있는 것이란 생각을 갖게 한다. 그리스도의 복음에 충실해야만 할 지도자가 맘모니즘에 매몰된 현실적 모순에 저항하고 있다. 어느 시대이든 물질만능주의, 배금주의 물신숭배 풍조는 근절되지 않고 있어 천민자본주의는 맘모니즘의 노예이기도 하다.

   메시아라는 말이 세상을 구원하는 구세주이기 때문에 주님께 거는 소망은 누구나 구원과 행방이다. 그런데 화자는 광고판에 매달려서 성직자 본연의 책무에 소홀함을 꾸짖으면서 동시에 실망하고 있다. 공허하고 혼돈한 가운데 천지를 창조하신 하나님의 심정을 체휼하고자 하는 욕구가 솟구치고 있다는 것으로 여기면 실망의 끝을 희망으로 전환하려는 시적화자의 간절한 기도의 소리가 들리는 것 같다.

'진흙탕 속에서 백성을 구해 낼/메시아는 과연 누가 될 것인가//'
2연에서 화자(話者)는 진흙탕이란 이전투구(泥田鬪狗)의 현실을 바라보면서 금송아지 우상을 숭배 하고 있는 무지한 백성에 대한 원성과 동시에 메시아 출현을 갈망하고 있다. 작금의 종교가 사분오열(四分五裂)하여 혼미하고 혼돈한 상태에서도 메시아에 대망(待望)은 비례하여 나타나고 있음을 직감하면서 장차 출현할 그 메시아를 학수고대 한다. 화자의 신앙심을 엿보기에 충분하다.
  인간은 근본적으로 생각하는 이성적인 존재이면서 그 이성을 초월하는 심정적인 존재이다. 메시아는 과연 누가 될 것인가라고 사고의 폭을 넓혀가는 시인이야말로 위대한 시인으로서의 소질을 갖는다.
  <나는 사고하다. 고로 존재한다.>는 데카르트의 명언을 떠올리지 않을 수가 없다. 인간이 현명해지는 것은 경험에 의한 것이 아닌 경험에 대체하는 능력이 있기 때문이다. 시인의 능력은 원석(原石)을 보석(寶石)으로 만들 수 있는 언어의 마술사이기도 하다.

  '하늘에서 구름타고 오실 리 없으니/백성 가운데 홀연히 일어서서/중심 잡아 어려운 난관 이겨 낼 분이시여.//'
  마지막 종연(終聯)에서 시적화자는 기존의 성서가 예언하고 있는 메시아의 강림이 구름타고 오실 것으로 알고 있음에 비하여 구약시대 백성들이 믿었던 메사아인 예수가 구름타고 오지 않고 마리아의 몸을 통하여 육신 쓰고 왔듯이 장차 오실 재림메시아도 결코 구름타고 올 수 없음을 확신하고 있다.
  성서의 중요한 부분이 비유와 상징으로 되어있는 것처럼 백성 가운데 홀연히 나타날 구세주는 철장으로 세상을 다스릴 분이라는 신념도 가지고 있다.

2. 하임이 첫돌에

아름다운 꽃들이 피고 지고
열매를 맺어가는 5월에

첫돌 맞은 나의 첫 손자 하임
축하하고 또 축하하네

사랑스럽고 씩씩하게
탈 없이 자라주어 고맙구나
앞으로 나아가야 할 길이
거칠고 험할지라도

자신감을 갖고 쑥쑥 쑥쑥
올곧게 순탄하게 나아갈 하임아
할아버지 할머니 엄마아빠가
곁에서 울타리가 되어 주마

영원히 사랑한다 하임아.

- '하임이 첫돌에' 전문

 5연으로 구성된 본 시는 화자가 첫 손자의 첫돌을 맞이하여 쓴 할아버지가 된 그 감격과 기쁨에 겨운 순수하고도 구김살 없이 지은 순수시라고 보면 좋겠다. 부모나 조부모라는 이름의 전제조건은 자녀와 손자인 까닭에 세상의 모든 이름을 불러주는 주체는 나와 상대성을 띤 상대방이 아닐 수 없다. 인류역사가 승계되는 가장 큰 근거가 바로 가정의 계대가 전승되기 때문이다.
 1연에서 첫돌 맞은 첫 손자가된 하임이란 이름이 지어지고 출생에서부터 첫 걸음마를 할 때의 감동과 감격을 느껴본 모든 부모는 그 순간을 잊지 못한다. 축하하고 또 축하한다는 그 말이 최상의 축복인 것이다.

2연에서 하임이가 살아갈 미래에 대한 염려와 백일도 지나고 첫돌을 맞기까지의 성장과정에서 온 가족들이 함께 새싹의 싱그러움에 웃음꽃 피우던 때를 회상하고 추억하는 것과 무탈하게 자라 준 것에 대한 고마움이 극에 달하는 모습이 바로 가족공동체 모두의 사랑의 극치인 것이다.

3,4연에서 하임이의 다가올 삶에 대한 온 가족의 극진한 사랑이 표출되고 있음을 확인하게 된다.

가족공동체에 있어서 조부모가 뿌리란다면 부모는 줄기와 가지이며 손자와 손녀는 새순에서 자라나 영글게 되는 열매와도 같다. 나무의 궁극적 목적은 결실에 있다. 열매 맺지 못하는 과수원은 단지 관상용의 숲에 지나지 않는다. 가족 가운데서도 부모보다도 조부모의 손자에 대한 애틋한 사랑이 자녀에 대한 사랑보다 훨씬 깊은 까닭은 종적인 내리사랑의 근원이 조부모이기 때문이다. 울타리 중에 조부모로서의 든든한 울타리가 되어 주고픈 결기로 화자가 굳게 다짐하고 있는 모습이 사뭇 성스럽기까지 하다.

마지막 5연에서 화자는 1행으로 본 시를 마감하는 '영원히 사랑한다 하임아.'는 축복의 결론이 바로 사랑이다.

신구약성서 66권의 핵심을 한 단어로 요약하면 그것이 바로 "사랑"이다. 진정한 참사랑은 무엇이어야 할 것인가? 그것은 홍안(紅顔)보다 백발(白髮)을, 미소보다 눈물을, 건강보다는 죽음을 더 사랑하는 것이라고 일찍이 만해 한용운 선생을 읊조렸던 것이다.

좋은 것을 사랑하는 것은 누구나 다 할 수 있지만 자기에게 불리하거나 손해가 될 법한 것을 사랑 하는 것은 아무나 할 수가 없다. 비범한 사람이거나 무조건적 사랑(unconditional love)의 근원인

부모의 사랑일 수밖에 없다. 이 세상 모든 부모들의 소망의 극은 아들딸이 잘되는 것이기 때문이다

3. 봄이 오는 소리

겨울 무덤 서서히 파헤치고
별빛담은 봄은 살며시 내곁에

메말랐던 가슴에도 새순이 돋아
축처진 두 어깨에도 힘이 솟는다.

저멀리 달려오는 봄바람에
희망도 가득 실어오는가

스멀스멀 피어오르는 아지랑이
달콤한 몽환의 나래를 펼친다

한줄기 빗방울은 어머니의 젖줄
메마른 들판을 깨우며 소식 전하고

꽃들은 기다렸다는 듯이
그들만의 춤사위를 펼친다.

- '봄이 오는 소리' 전문

상기의 시는 총 2연 12행으로 구성된 '윌리암 워즈워스'의 시에 대한 정의(定義)처럼 "넘쳐 흐르는 감정의 힘찬 발로다"라는 표현론에 해당하는 시로 볼 수가 있다. 사계절의 시작인 봄이 오는 소

리에 귀 기울이는 시인의 경청이 사뭇 조심스럽기도 하다. 춥디추운 겨울을 무덤으로 형상화하는 기법도 돋보이지만 별빛담은 봄을 화자의 곁에 끌어들여서 메말랐던 가슴에 새순을 돋게 한 봄바람에 축 쳐진 어깨에 힘을 솟구치게 하는 그 힘이 바로 시인의 내면에 존재하는 시안(詩眼)이기도 하다.

4연의 '스멀스멀 피어오르는 아지랑이/달콤한 몽환의 나래를 펼친다//'는 연(聯)은 "스멀스멀"(dreams and fantasy)이라는 시어(詩語)가 주는 시각적 안목을 증폭함으로 겨우내 움츠렸던 육체가 근질근질한 느낌을 나타내기에 충분하다. 더욱이 달콤한 몽환(夢幻)의 나래를 폄으로써 현실이 아닌 꿈이나 환상 따위가 갖는 분위기가 물씬 풍기게 한다. 시라는 것은 본디 시인이 갖는 상상력의 산물인 까닭에 시인의 사고(思考)의 발로라고 볼 수 있겠다.

5연의 '한줄기 빗방울은 어머니의 젖줄/메마른 들판을 깨우며 소식 전하고//'는 어머니의 품과도 같은 대지에 내리는 빗방울을 생명의 젖줄로 상상함으로써 메마른 땅에 촉촉한 단비가 봄소식의 물꼬를 트이게 하고 있다.

마지막 연에서 '꽃들은 기다렸다는 듯이/그들만의 춤사위를 펼친다.//' 이 종연에서 봄을 연상케 하는 모든 꽃들이 화려한 꽃술을 뽐내며 그들만의 춤사위를 펼침으로써 환희와 희망의 봄을 예찬하고 있다. 시라는 것은 언어의 함축성(含蓄性)이 독자들로 하여금 각자가 풍부한 상상의 나래를 펴게 하는 특성을 지니고 있다. 훌륭한 시라는 것은 명료성과 모호성의 적정선 상에서 엮어지는 언어의 연금술이다.

4. 기생 월이

불같은 분노
푸른 바다에 잠재우고

가슴에 맺힌 한
웃음으로 왜의 간자 품은 월이

붓으로 고친 거짓 뱃길
당항포의 승전으로
백척간두에서 나라를 구했으니

그녀의 애국혼
만대에 빛나리라.

- '기생 월이' 전문

당항포해전은 임진왜란 당시 이순신장군의 왜선 56척을 전멸시킨 대첩이었다. 이 때 해전이 열렸던 당항포의 앞 바다를 일면 "속싯개"라고 하였는데 이 말은 왜군을 속여 승리했다는 데서 유래가 된 말이라고 한다. 이러한 백척간두의 위태로운 때에 고성의 딸 기생 월이라는 여인이 위조한 해도(海圖)가지고 참전한 왜군이 당항포에서 이순신장군에게 대패할 수밖에 없었던 사연이 있는 지명이다.

그녀가 참혹한 죽음을 당했다는 사실이 우리를 슬프게 하지만 한 여인의 우국충정이 전승이 된다는 것은 다행한 일이다. 고성과 이웃한 진주에는 논개가 있었다면 고성에는 월이(月伊)가 있었다는 것은 팔도강산의 지역적 특성을 고려해 볼 때 경상도는 태산준령이거나 송죽절개와도 같이 여인의 애국심이 돋보인다고 볼 수가 있겠다.

　1연의 '불같은 분노/푸른 바다에 잠재우고//' 변영로 시인의 <논개>라는 시를 연상할 수 있는 첫 연이라고 볼 수 있다. 변 시인의 첫 연은 거룩한 분노는 종교보다도 깊다고 표현하였음에 비하여 이 시인은 불같은 분노로 표현했지만 같은 기법(技法)이기도 하다. 흔히들 여인이 한(恨)을 품으면 오뉴월에 서리가 내린다는 말이 있지만 그 한(恨)이 나라를 향하면 불멸의 애국 혼(魂)이 되기도 하는 것이다.

　2연의 '가슴에 맺힌 한/웃음으로 왜의 간자 품은 월이//' 불을 품은 월이(月伊)의 미소에 유혹에 빠져 속절없이 당하고 만 간자의 처절한 모습을 연상하기에 족하다.

　3연의 '붓으로 고친 거짓 뱃길/당항포의 승전으로/백척간두에서 나라를 구했으니//그녀의 애국혼 만대에/빛나리라.//' 그녀가 적군의 작전을 예감하여 붓으로 해도를 변경함으로 전과(戰果)를 올릴 수 있었다는 것은 신(神)의 한 수라고도 볼 수 있겠다.

　이 시인의 고향집에서 멀지 아니한 당항포를 논자(論者)가 젊은 시절, 고성교회 목회자로 재직할 때 심방(尋訪)을 하기 위해 여러 번 갔었지만 거류산을 중심한 한려수도의 기품을 자랑하기에 족한 곳이다. 기생 월이(月伊)의 애국충정의 그 혼이 자손만대에 빛나리라고 예찬한 시인의 애틋함 그 마음도 현대판의 애국심이라고 보겠다. 예술혼의 핵심도 역시 시인의 사랑의 표출에 조응하는 것이라고 볼 때 한 편의 짧은 시라고는 하지만 시(詩)의 명료성이 두드러지게 나타남에 비하여 모호성이 좀 더부각이 되었더라면 하는 아쉬움이 있다고 본다.

5. 밤하늘 별이 되어

해마다 찾아오는 유월은
1년 내내 무심히 지내던
우리네 가슴을 뜨겁게 달군다

당신들이 흘린 뜨거운 눈물과
짙은 선지피의 붉은 열정으로
사수한 영원한 평화 자유인데
갈수록 그리워지는 조국이다

밤하늘에 무수히 많은 별들이
그대들 굽어보는 우리나라의
금수강산은 천하의 보물이다

무자비한 총칼 앞에서
과감히 남편을 군대에 보내고
어린자식 뒤돌아보며
아버지마저 가야만 하였었다

그래도 우리들은 살아남아서
그대들의 애국의 혼은 결코
잊지 않으리라 잊지 않으리라

동족상잔의 그날을
그대들이 흘린 피의 역사를
이제 평안히 잠드소서
불멸의 내 영웅들이시여!

- '하늘의 별이 되어' 전문

본 시(詩)에서 시적화자의 애국심을 여실히 엿볼 수가 있다. 밤이 어두울수록 더욱 영롱한 별들을 응시(凝視)하며 시인은 한국동란의 역사를 되돌아본다. 해와 달은 유일한 존재지만 별들은 무수히도 많다. 내가 어릴 적에 들은 바로는 육안으로 헤아릴 수 있는 별이 대략 육천 개라고 한다. 시적화자는 전쟁으로 불귀(不歸)의 별이 된 무수한 전사자들을 생각하면서 그들의 애국 혼을 위로하고자 한다.

현실에 실존하는 모든 사람들은 할 수 있는 일이 있고 할 수 없는 일을 놓고 그 선택의 기로에서 망설인다. 독일의 실존주의 철학자인 사르트르는 인생이란 B와 D사이의 C라고 설파하였다. 즉 인간의 삶은 출생과 죽음의 사이에서 매 순간마다 선택의 기로에서 망설인다고 했다.

문(文)은 무보다 강하다(The pen is mighter than the sword)라고 믿는 화자는 시의 위력을 신뢰하고 있다. 교육이 중요성을 강조하는 말이기도 하지만 요즈음 인터넷으로 여론을 조작으로 마타도어가 극성을 부리고 있다. 시인의 마음은 기본적으로 선량(善良)하다. 정치적 술수로 사리사욕에 찌든 지도자들보다 인간의 본성에 입각한 시인의 순수성과 정직성이야말로 시인공화국을 건설하기에 충분하다고 할 수 있다. 이 세상의 수많은 주의가운데 시인공화국이 되면 얼마나 좋을 것인가? 문학의 장르 가운데서 시(詩)가 차지하는 비중은 고대로부터 오늘에 이르기까지 막중하다고 보겠다. 그러므로 시(詩) 속에 깨달음이 있고 울림이 있고 느낌이 있고 메아리가 있고 심지어는 노래까지 깃들어 있다.

그런 면에서 시와 노래는 흔히들 치순관계(齒脣關係)라고도 한다. 시가 치아(齒牙)라면 노래는 입술이기에 하는 말일 게다. 간명성(簡明性)과 설득력(說得力)의 으뜸이라고 해도 좋다. 문학 가운데 가장 짧은 문장이지만 그 어떤 웅변이나 논리보다도 호소력이라든가 영향력이 막중하다. 불교에서는 〈법구경〉이라는 경전이 시로 되어 있다. 유교에서도 사서삼경 중 시경(詩經)이 있다. 성경도 시편(詩篇)이 별도로 엮여 있다. 이 땅 위에는 무수한 시와 시인들이 있어서 다양한 목소리를 내고 있다.

평범한 시인과 비범한 시인의 차이란 그 작품이 말해주지만 그 기준이 바로 등단(登壇)인 것인데 강단에 오르면 강사고 단하(壇下)에 서면 누구나 학생이다. 등단이란 정상(頂上)에서 볼 때 오르는 길이 등단이전이라면 내려오는 쪽이 등단이후의 삶이라고 볼 수도 있다.

서평(書評)하는데 사족이 길어졌지만 호성 이홍규 시인의 첫시집의 출판을 계기로 하여 등단 이전의 각오와 열정이 다만 시들지 않고 더욱더 정진하여 명시를 남길 수 있기를 바라는 맘에서 하는 말이다. 본론으로 돌아가서 '하늘의 별이 되어'라는 이 시를 감상하는 이들의 마음을 유추해 보거늘 하늘의 수많은 별들 가운데서 심히도 밝은 새벽별 금성(金星)은 유난히 연인들의 맘을 사로잡기에 충분하다. 아무나 스타가 되는 것이 아니다. 가변의 사랑은 태양에 가려진 낮에 뜬 별이라면 불변의 영원한 사랑은 스스로 빛을 발하는 밤하늘의 별이다. 여기서 시적화자는 한국전에서 성화한 선지선열들의 영혼을 밤하늘의 별들로 여기고 있음을 알 수 있고 그들이 겪었을 그 고난과 역경이 훗날 자손만대에 이르기까지 우리들 모두의 영웅이라고 결론을 내리고 있다.

본 시는 모두가 3.4조로 엮어진 서사시와 서정시의 혼합으로 총 6연 21행으로 구성이 되었다. 굳이 수(數)에 대한 의미를 부여해 본다면 6연이란 성서의 창세기에 나오는 창조기간인 6일을 연상케 하고 21행은 일주일의 기간인 7일의 3배수로 야곱의 21년 노정을 떠오르게 한다. 별이 별다운 것은 밤이라는 환경이 뒷받침해주기 때문이다. 낮에 뜬 별은 별이지만 별답지가 않다. 시의 속성상 명시를 잉태하기 위해서는 시제에 부응하는 시어가 적재적소한 곳에 씨를 뿌려서 발아가 되어야 한다. 건실한 씨란 시의 3요소를 지녀야 한다. 주지하듯이 그것은 바로 주제(主題)와 심상(心想)과 운율(韻律)이다.

주제는 시인이 또렷하게 그리려는 작가가 가장 하고 싶은 말이고 심상은 시를 읽을 때 마음속에 그려지는 그림으로 이미저리(imagery)이며 운율은 리듬이라고 하는 것으로 노래의 박진감(迫進感)이다.

내가 아는 이 시인은 삶의 현장에서 경험한 사건들을 세상에 발표하여 2003년 교통방송 수기 대상을 받은 것으로 알고 있다. "시련과 극복"이란 제목으로 전국에서 860명이나 참가한 작가들 가운데 대상을 수상한 바가 있다. 상품으로 받은 야무진 1톤 트럭 자동차를 타고 오늘도 삶의 현장을 누비고 있는데 그의 야무진 삶의 성실함과 정직이 애청자들의 마음을 사로잡은 것이라 여기지 않을 수가 없다.

그 수기의 내용은 구룡마을에 살다가 화재사건으로 전세금 빼서 보관하다가 친구한테 빌려주었다.

그 건물이 경매로 넘어가 떼여 전광판 사업을 하다가 사기꾼에게 걸려 억울하게 당한 일 등등 우여곡절과 파란만장한 애환을 밝혔던 작품이었다. 이런 경험이란 보석이 고차원의 시어가 되어서 우리 시단(詩壇)의 영롱한 밤하늘 별이 되기를 고대해마지 않는다.

6. 봄빛 나래

바람이 볼을 간지럽게 한다.
하늘만 보아도 웃음 번지고
햇살이 고양이 등에 봄을 얹었다.

곁에 누가 있어도 없어도
따스함이 어깨를 감싸 앉았다
눈이 부신 아름다움이
저만치서 손짓한다.

세상사 돌고 도는 어지러운 때
봄빛이 가만히 내손을 잡아준다.
힘내세요. 힘내세요. 봄이에요.

숨소리마저 멎은 밤 가만가만
속삭이는 봄의 소리 그 소리들
들릴 듯 말 듯 귓가에 맴도네.

본 시집의 시제(詩題) 『봄빛 나래』는 바람, 봄 햇살, 고양이, 세상사. 밤이라는 시어가 중심축이 되어서 봄의 정경을 터치해 줌으로서 4연 13행의 글에서 독자들로 하여금 봄의 향연으로 초대를 하고 있다. 봄바람이 볼을 간지럽게 한다는 시적화자의 봄에 대한 느낌이 첫사랑의 키스를 연상케 함으로서 한용운 시인의 님의 침묵에 나오는 날카로운 키스가 운명의 지침을 돌려놓는 것이 아니고 부드럽고 감미로운 입맞춤이 독자들의 마음을 따뜻하게 감싸기도 한다. '봄'이라는 말은 영어의 본(born) 즉 태어나다는 동사가 명사화함으로서 '봄'이 되었다고 하는 주장도 설득력을 지지고 있을 것으로 논자는 생각한다.

'하늘만 보아도 웃음 번지고/햇살이 고양이 등에 봄을 얹었다.//'라는 표현은 하늘과 웃음과 고양이를 복합적인 시각으로 조명함으로서 양지바른 햇볕에 쪼그리고 있는 고양이 등에 봄을 얹었다는 입체감이 넘치는 표현을 한다는 것이 바로 시인의 시안(詩眼)이기도 하다.

2연에서 '곁에 누가 있어도 없어도/따스함이 어깨를 감싸 앉았다/눈이 부신 아름다움이/저만치서 손짓한다.//' 봄은 세 가지의 미덕(美德)을 지니고 있다. 생명(生命)과 희망(希望)과 환희(歡喜)가 바로 그것이다. 봄은 땅에 씨앗을 뿌리면 푸름 새싹이 나오고 나뭇가지마다 신생의 잎이 돋고 아름다운 꽃이 핀다. 화자는 눈부신 아름다움이 저만치서 손짓하고 있음을 체감하고 있음에 감격해한다.

3연에서 '세상사 돌고 도는 어지러운 때/봄볕에 가만히 내손을 잡아준다./힘내세요. 힘내세요. 봄이에요.//' 갈등과 거짓의 인간세상이 아무리 어지럽고 힘들어도 봄빛이 시인의 손을 잡아줌으로서 어떤 역경과 고난에도 힘을 내는 까닭은 봄이기 때문이다. 죽음이란 힘의 제로상태를 말하기에 화자는 힘을 내라고 반복해서 격려해 주고 있다.

마지막 4연에서 '숨소리마저 멎은 밤 가만가만/속삭이는 봄의 소리 그 소리들/들릴 듯 말 듯 귓가에 맴도네.//' 바람이 부는 그 봄의 소리를 화자는 들으며 귓가에 들릴 듯 말 듯 하는 봄소식에 교감한다. 옛사람들은 봄바람을 혜풍(惠風)이라 했고 여름바람을 훈풍(薰風), 가을바람을 금풍(金風) 그리고 겨울바람을 삭풍(朔風)이라고 했다. 창밖에 봄비가 내리고 나비가 찾아오고, 하늘에 종달새가 지저귀고, 벌판에 시냇물이 흐르고, 숲속에 꽃이 핀다는 것은 얼마나 즐겁고 아름다운 계절이겠는가? 봄빛이 나래를 펼 때 시적화자는 한 송이의 봄꽃이 피어나는 모습의 시단(詩壇)에서 시어(詩語)를 가지고 시화(詩畵)를 그린다. "시(詩)는 모든 발화(發話) 중 최상의 완전한 형식이다"라는 하이데거의 존재론적 시의 정의를 연상하게 된다. 『봄빛 나래』란 시제에서 봄은 겨울을 포옹하고 생명을 포용함으로서 사계절의 출발을 알리는 신호탄(信號彈)이 아닐 수가 없다.

7. 상족암

깊은 수심 가르며
지나는 여객선에
밀려오는 파도는
기암괴석을 두른 절벽을
어루만지며 스쳐 가는데

태곳적 공룡이 살던 곳에
켜켜이 쌓인 세월의 흔적
그들은 사라져 갔어도
발자국만 선명하게 남았구나.
바위 끝 노란 민들레도
봄바람 따라 그들의 흔적에
감동하여 하늘하늘 손짓하는가?
내 마음도 출렁이는 파도처럼 들떠
용(龍)들의 발자국 되짚으며 걷는다.

- '상족암' 전문

상족암은 경상남도 고성군 하이면 덕명리에 위치한 경승지, 지층의 퇴적구조가 그대로 드러나 있다.

해식동굴로 인하여 그 모습이 마치 상다리처럼 보인다고 붙은 이름이다. 고성군립공원이기도 한 이곳에서 공룡(恐龍) 발자국이 대거 발견되면서부터이다. 경남의 과학교사들은 옛 선비들이 코끼리가 걸어간 발자국이라고 생각했다라고 설명하는 경우가 많다. 우리나라 최대의 공룡 발자국 화석지이다.

상족암의 바로 인근에 고성공룡박물관도 위치해 있다.

시적화자는 이곳 상족암에서 본 시를 구성함에 있어서 태곳적 공룡이 살았던 흔적을 봄으로써 켜켜이 쌓인 역사의 현장을 투시하고 있다. 그 옛날 공룡의 발자국소리를 들으며 한 편의 시를 잉태할 수 있다는 것은 그에게 주어진 시적자유이며 그 만의 특권이기도 하다. 논자도 수십 년 전 고성에서 목회를 할 때 이미 작고했지만 교단의 유명 원로목회자였던 이요한 목사께서 순회를 오셨는데 그 당시 통일신학교 졸업반 현장실습생들 네 명이 파송되어 40일간을 함께 했던 적이 있다. 그들 중에 현재로 황선조 선문대학교 총장과 상족암 그 바다에서 함께 해수욕을 한 추억이 지금도 생생하다.

이상으로 일곱 편의 대표시를 서평(書評)해 보았지만 시의 본질은 무엇이며 시는 무엇으로 이루어지며, 그 특성은 무엇인가? 다시 말하면 시란 무엇인가? 이러한 기본질문에 단정적으로 정의를 내릴 수는 없다. 이러한 질문을 한 마디로 요약한다는 것은 불가능한 것이 그 속성이기도 하다. '시(詩)정의의 역사는 오류의 역사'라는 엘리엇의 말이 그 속성을 잘 대변해 주고 있다.

시를 작가로부터 분립시켜 진공의 상태에서 작품을 독립된 존재로 보는 것이 시의 정의에 있어서 존재론이다. 하이데거는 "시란 언어의 건축물이다"라는 주장을 했다. 시적화자가 지은 집이 초가집이거나 기와집 혹은 양옥집 어느 것이라고 해도 그 집을 선호하는 것은 독자들의 선택에 해당한다.

    2018년 창작문학 12호에 상재해 신인문학상을 받음으로써 등단하여 고희를 목전에 두고 첫시집을 출간하는 이홍규 시인이 쓴 백 여 편의 시를 선보이게 되었다. 시에 대한 평가와 감동의 여부는 그 시를 감상하는 독자들의 몫이다. 다소 늦은 감이 있지만 처녀시집을 출간하는 이 시인은 지금부터 본격적 작품 활동이 있을 것으로 기대해 본다. 이미 작고한 부친 이용도 선생과 모친 최경아 여사께서도 하늘나라에서 함께 축하해 주실 것이며, 더욱이 생사고락을 같이한 김현숙 내자(內子)와 1남 3녀인 복우, 가화, 가진, 가원 네 자녀들 또한 기쁨으로 맞이해 줄 것으로 믿고 앞날의 문운이 함께하기를 기원해 마지 않으며 미완(未完)의 서평(書評)을 가름한다.